* IT'S YOUR WORLD.

LA FAMILLE SUZUKI.

Le personnage principal :
Hiroya (13 ans).
•Un garçon ordinaire, un peu timide.
•Il aime les mangas et les jeux vidéo.

La maman :
Kyoko (41 ans).
•Elle est souvent dans les nuages.
•Diplômée d'une grande université, elle a une amie de sa promo qui travaille en France.

La grande sœur :
Lumi (16 ans).
•The japanese girl
•Son prénom vient du mot français "lumière".

Le papa :
Yoshiyuki
(45 ans).

•Commercial dans une entrepris
•Il a étudié le français à l'universit et adore la France.
•Il se nourri exclusiveme de cuisine japonaise.

* ARRÊT DE BUS.

MA FAMILLE VA DÉMENAGER EN FRANCE...
EN FRANCE ?
C'EST OÙ, LA FRANCE ?
BAH... C'EST LÀ OÙ IL Y A EU LE DÉBARQUEMENT DE NORMANDIE.
ON L'A APPRIS AU COURS D'HISTOIRE !!
C'EST QUOI, CA ?
...
LA FRANCE, C'EST ZIDANE !
C'EST HENRY !
IL EST FRANCAIS ? AH BON ?
ON A PARLÉ DE SAINT FRANCOIS XAVIER AU COURS. IL EST FRANCAIS, LUI AUSSI ?
伊賀中

* COLLÈGE IGA.

* PÂTE DE SOJA FERMENTÉ.

* CETTE TYPOGRAPHIE SERA UTILISÉE QUAND UN PERSONNAGE PARLERA UNE LANGUE ÉTRANGÈRE.

TADAAAAN
OH LÀ LÀ !
EURO
HEIN ?
QUOI ?
LES AUTRES CLIENTS DISENT AUSSI "OLAOLA".
TOUT LE MONDE DIT "OLAOLA" !!
AH !
JE CROIS QU'ELLE DIT QU'ELLE N'A PAS ASSEZ DE MONNAIE.
OH ! J'AI COMPRIS SON FRANÇAIS !
VLAN
HEIN ?
QUOI ?
ELLE NOUS A CHASSÉS ?
MON COOKIIIIE !!!
C'EST IMPOSSIBLE ! ELLE NE PEUT PAS REFUSER DE NOUS VENDRE DU PAIN ALORS QU'ON A DE L'ARGENT...
J'AI UN PETIT CREUX !!
COMMENT ON DIT ÇA EN FRANÇAIS ?
EUH...

J'AI FAIM !
...
IL M'A DONNE ÇA.
MERCI.
PARTAGEONS-LE !
OH ! C'EST DÉLICIEUX.
ON EST BIEN AU PAYS DU PAIN.
EH ! VOUS TROUVEZ PAS QU'IL ÉTAIT MIGNON ?
ÇA NE VA PAS, HIROYA ? TU NE MANGES PAS.
TU ES BIZARRE, CES DERNIERS TEMPS.
J'AVOUE QUE JE SUIS ASSEZ INQUIET...
...
DITES...
VOUS CROYEZ QUE J'ARRIVERAI À ME FAIRE DES COPAINS DANS CE PAYS ?
... MAIS IL FAUT BIEN COMMENCER. CE N'EST PAS SI MAL POUR UN DÉBUT.

* N.D.T. : AU JAPON, IL Y A UN PETIT GRIL PRÉVU POUR LES POISSONS DANS LES FOURS.

C'EST QUOI, CETTE VILLE ?
Y A DU PORNO PARTOUT...
C'ÉTAIT BEAUCOUP PLUS JOLI À TOKYO.
EUH... TU SAIS, HIROYA...
... LE QUARTIER DE MONTMARTRE...
... ME FAISAIT RÊVER QUAND J'ÉTAIS ÉTUDIANT.
JE VOULAIS DEVENIR PEINTRE...
ON A D'AILLEURS CHOISI LE PRÉNOM DE LUMI À PARTIR DU MOT FRANÇAIS "LUMIÈRE".
C'EST ROMANTIQUE, N'EST-CE PAS ?
...
N'IMPORTE QUOI !
POURQUOI TU T'HABILLES COMME ÇA ? ON VA JUSTE FAIRE DES COURSES À CÔTÉ.
Lentilles de couleur
T'ES PAS AU COURANT ?
LA JAPANESE GIRL EST SUPERTENDANCE SUR TOUTE LA PLANÈTE !!
LES PARENTS NE PENSENT QU'À EUX.

OH...!
TU AS DIT QUELQUE CHOSE !?
... D'ÊTRE BÊTE.
LUMI... TU AS DE LA CHANCE...
NON, J'ÉTAIS PAS AU COURANT.
COMMENT ÇA SE CUISINE, MONSIEUR ?
C'EST PARIS !
IL Y A PLEIN DE JOLIS LÉGUMES. ♡
DIS DONC ! TU EN AS ACHETÉ BEAUCOUP.
IL M'EN A DONNÉ UN PEU.
LE MARCHAND DE LÉGUMES EST TRÈS GENTIL. ♡
IL A UN PETIT AIR D'OMAR SHARIF.
Y A PAS DE FEUILLES AU FORMAT DES CLASSEURS JAPONAIS...
Hiroya
COMMENT ON DIT "FEUILLES DE CLASSEUR" EN FRANÇAIS, MAMAN ?
Lumi
TIENS ? LUMI ! HIROYA !
AH...
C'EST MAMAN !
JE RECONNAIS SON AURA DE DOUCEUR.
FRUITS LÉGUMES
CHEZ PE

JE FAIS COMMENT ?
TOUT COMME CES FEUILLES QUI DÉPASSAIENT DE MON CLASSEUR...
... MES SENTIMENTS NON PLUS...
C'EST PAS GRAVE. NE LUI DISONS RIEN.
POURTANT TOUS LES LÉGUMES SONT FACTURÉS.
ELLE A L'AIR SI CONTENTE.
Reçu.
C'EST GÊNANT. JE SUIS UNE FEMME MARIÉE...
JE VAIS À L'ÉCOLE !!
... NE S'ADAPTAIENT PAS À LA FRANCE.
NE T'IN-QUIÈTE PAS, HIROYA !!
TU VAS VITE TE FAIRE DE NOUVEAUX COPAINS !!
AH LÀ LÀ...
MOI, JE PRÉFÈRE AVOIR BIEN CHAUD.
TU ES SÛRE DE VOULOIR Y ALLER AVEC TON UNIFORME JAPONAIS ?
ÉVIDEM-MENT !
AVEC ÇA, JE FAIS FUREUR TOUT DE SUITE !!
ET JE ME TROUVE UN MEC, DIRECT !!
Want YOU !!
TU VAS AVOIR FROID SANS COLLANT...

* HIROYA ENTEND "ÉROKITTY" QUI EN JAPONAIS SIGNIFIE KITTY ÉROTIQUE. ** ORTHOGRAPHIÉ COMME CELA POUR SOULIGNER QU'ON NE PRONONCE PAS LE "H" EN FRANÇAIS.

C'EST QUOI, CE CLASSEUR RIDICULE AVEC LES FEUILLES QUI DÉPASSENT ?!
ELLES SONT TOUTES FROISSÉES !!
HÉ, TOI !
ON DIRAIT BAMBI DU DESSIN ANIMÉ !
ELLE EST TROP MIGNONNE !
ELLE A UN TOUT PETIT VISAGE.
CLIC
ENCHANTÉE !!
JE SUIS FATIMA.
T'ES QUI, D'ABORD ?!
EUH...
MAIS...
...
ET VOILÀ !!
ELLE A TOUT COUPÉ...
AAAH !
JE NE SUPPORTE PAS QUAND C'EST PAS BIEN NET !!
...
ZIP
ZIP

CHEZ NOUS, LA JOURNÉE COMMENCE COMME ÇA.
TIENS ? IL NE RESTE DÉJÀ PLUS DE RIZ !!
TU PEUX EN ACHETER EN REVENANT DE L'ÉCOLE, HIROYA ?
PAPA NE MANGE QUE JAPONAIS. C'EST EMBÊTANT, S'IL N'Y A PLUS DE RIZ.
D'ACCORD...
MAIS PAS UN SAC DE 10 KG.
ATCHOUM !!
À la maison, elle porte le survêtement de son lycée.
OH ! TU ES MALADE, LUMI ?
J'ÉTAIS SÛRE QUE TU ALLAIS AVOIR FROID.
HMMM...
JE VEUX PAS MANGER DE PETIT-DÉJEUNER JAPONAIS ! JE VAIS M'ACHETER DU PAIN.
DONNE-MOI UN EURO !
AAH !
OH !
VLAN

ÇA VA ?
AH...
C'EST LE GARÇON QUI NOUS A DONNÉ DU PAIN* !!
OH ! VOUS ÊTES NOTRE VOISIN !
EUH...
C'EST JUSTE QU'IL Y A UNE DRÔLE D'ODEUR DANS L'IMMEUBLE...
ENTREZ, JE VOUS EN PRIE.
ON NE S'EST MÊME PAS PRÉSENTÉ.
OOOH ! J'AI L'IMPRESSION D'ÊTRE DANS UN MANGA.
HEIN ?
WAOUH !!
QU'EST-CE QUE C'EST ?
AAAH ! THIS IS NATTO ! NATTO !
QUAND ON LE BAT 100 FOIS, IL CHANGE DE GOÛT.
VOUS MANGEZ DU POISSON DÈS LE MATIN ?
UNE TASSE DE THÉ ?
OUI. C'EST LE PETIT-DÉJEUNER TRADITIONNEL JAPONAIS.
JE VAIS À L'ÉCOLE.
JE VAIS ÊTRE EN RETARD.

* VOIR PAGE 8.

PENDANT CE TEMPS, PAPA EST DANS LE BUS QUI L'EMMÈNE AU BUREAU...
ZUT ! J'AI OUBLIÉ MA CARTE ORANGE.
C'EST BONDÉ. JE NE PEUX PAS BOUGER.
JE VAIS ACHETER UN TICKET.
TOUT LE MONDE MONTE DANS LE BUS...
... SANS MONTRER SON TITRE DE TRANSPORT.
...
BOUM
BOUM
JE N'AVAIS PAS RESQUILLÉ DE PLACE DANS LE BUS DEPUIS LE TEMPS OÙ J'ÉTAIS ÉTUDIANT.
Hi Hi Hi...
C'EST UN PEU EXCITANT !
PSHHHH
BAAAAAM
BONJOUR ! CONTRÔLE DES BILLETS !!

* "BONJOUR" EN CHINOIS.

iLS SONT TOUS SYMPAS AVEC MOi.
MAIS JE NE COMPRENDS PAS CE QU'ILS DISENT.
AU JAPON ...
... LES NOUVEAUX SONT PLUTÔT MIS À L'ÉCART.
C'EST PLUTÔT CHOUETTE, iCi.
EUH ...
JE FAiS DU BASEBALL ...
DU BASEBALL !
SPORT. O.K. ! O.K. !
BASEBALL ??
BONJOUR !
AH !
C'EST PLUS GROS QUE ÇA, UNE BALLE DE BASE-BALL ?
C'EST BAMBi...
TAP TAP
つかつか
HEiN ?
HEiN ?

AH...
HEIN ?
SMACK
チュッ
BONJOUR, IROYA.
AAAAAAH !!!
LES JAPONAIS NE SE FONT PAS LA BISE ?
TU EN FAIS UNE TÊTE ?
JAMAIS.
NON.
ÇA, JE N'AI PAS BESOIN DE LE LEUR DIRE.
SMACK SMACK
ブチュ
ブチュッ
FATIMA
QUAND JE VAIS DIRE ÇA À MES POTES DE TOKYO PAR MAIL !
JE...
NOUVELLES SENSATIONS !!
BONJOUR, HIROYA !!
...
ボーゼン
ABASOURDI

JE COMMENCE À M'HABITUER À LA VIE FRANÇAISE.
À L'EXCEPTION DE LA BISE.
TU T'ES FAIT PINCER EN RESQUILLANT UNE PLACE DANS LE BUS !?
C'EST LA HONTE !!
À TON ÂGE !
JE NE SAIS PAS CE QUI M'A PRIS...
C'EST DOMMAGE...
AVEC CES 35 EUROS, ON AURAIT PU ACHETER UN RICE COOKER.
KEF ! KEF !
MAINTENANT, C'EST TOI QUI ES MALADE, HIROYA ?
PAPA...
À QUEL ÂGE TU AS EU TA PREMIÈRE PETITE AMIE ?
EUH...

ÇA ME GÊNE DE LE DIRE DEVANT MAMAN !
PAS VRAI ?
POURQUOI ?
HÉ ! TU NE SERAIS PAS AMOUREUX ?
C'EST TON PREMIER AMOUR ?
AAAH ! OUBLIEZ CE QUE JE VIENS DE DIRE !
JE VAIS À L'ÉCOLE.
C'EST IMPORTANT, L'AMOUR.
MAIS ...
... QUE FAIRE, TOI, ICI ?
MA DOUCHE EST CASSÉE.
OOOOH !
Il est à moitié nu.
Lumi.
CLAAAANG

COMMENT T'AS FAIT ÇA ?
T'ES TROP FORT, IROYA !
EUH...
MERCI, MERCI.
ZUT ! JE SAIS PAS OÙ A ATTERRI LA BALLE.
GNNN...
["Le knock" !]
WAOUH !!!
OH...
...
TU AS ASSURÉ, TOUT À L'HEURE.

POURQUOI TU TE RECULES À CHAQUE FOIS QUE JE M'APPROCHE ?
...
HEIN ?
ON DIRAIT QUE TU ME TROUVES REPOUSSANTE. C'EST BLESSANT.
J'AI...
J'AI COMME L'IMPRESSION QU'IL Y A UN MALENTENDU.
MAIS JE SUIS INCAPABLE DE LUI RÉPONDRE EN FRANÇAIS.
AH LÀ LÀ...
CHOC

HÉ ! VIENS PAR ICI, SAKIA !
TU AS GAFFÉ, MON GRAND.
AH ! C'EST TOI, HIROYA ?
C'EST LOURD, PRENDS-LE !
...
FATIMA !
JE VAIS LES CHERCHER À LA CRÈCHE.
J'EN AI ENCORE D'AUTRES.
TOUS CES ENFANTS ?
JE PENSAIS, TOI, BABY-SITTING...
HEIN ?
JE TE PRÉSENTE MES PETITS FRÈRES ET MES PETITES SOEURS.
AH !
DITES-LUI BONJOUR !
C'EST QUI ?

VOUS, COMBIEN DE FRÈRES ET SOEURS ?
C'EST DONC POUR ÇA QUE FATIMA A UN PEU UN CÔTÉ MAMAN.
ELLE EST COURAGEUSE...
...
AH OUAIS ?
JE SUIS L'AÎNÉE DES FILLES.
J'AI TROIS GRANDS FRÈRES, MAIS ILS TRAVAILLENT.
ONZE.
... UNE FAMILLE DE ONZE ENFANTS PEUT PASSER À LA T.V.
... AU JAPON...
AH BON ? C'EST PAS TROP TRISTE ?
J'AI UNE GRANDE SOEUR...
ET TOI, HIROYA ?
ONZE !!
TU PEUX RÉPÉTER ?
HEIN?
MAIS...

QUOiiiii ?
LES VACANCES SONT ARRiVÉES.
OUi, C'EST BiZARRE. LA RENTRÉE SCOLAiRE EST EN SEPTEMBRE.
EN FRANCE, Y A DEUX MOIS DE VACANCES D'ÉTÉ ?!
AU JAPON, LA RENTRÉE EST EN AVRIL.
Fleurs de cerisier.
HiROYA ...
... TU AS PEUR QUE TON AMOUREUSE T'OUBLiE PENDANT L'ÉTÉ ?
MAiS...
... C'EST BEAUCOUP TROP LONG.
JE COMMENÇAIS ENFIN À M'INTÉGRER...

À MOI, LA CÔTE D'AZUR !!
LA MER ! LA BRONZETTE AU SOLEIL ! L'AMOUR ! LES MOULES !
HEIN ?!
TROUVE-TOI PLUTÔT UNE AUTRE PETITE AMIE POUR L'ÉTÉ !
QU'EST-CE QUE TU RACONTES ?
NE T'EN FAIS PAS POUR ÇA !!
MAIS...
N'IMPORTE QUOI !
CETTE ANNÉE, ON PASSE LES VACANCES AU CAMPING !
PENDANT CE TEMPS...
... CHEZ FATIMA...
JE TE PARLE, FATIMA !!
JE VAIS FAIRE LES COURSES POUR LE DÎNER.
FATIMA ! DIS QUELQUE CHOSE !
...
PAPA, TU ES UN DICTATEUR !
QUOIiii ?! ENCORE ?!
JE N'AURAI RIEN DE NOUVEAU À ÉCRIRE DANS MON JOURNAL.
NE ROUSPÉTEZ PAS !!
JE N'AI PAS DEMANDÉ VOTRE AVIS !!
Mon journal de l'été

PFFFF...
DE TOUTE FAÇON, JE VAIS ENCORE JOUER LA NOUNOU.
ÇA NE ME DÉRANGE PAS, MAIS BON...
OÙ QU'ON AILLE, ÇA N'Y CHANGERA RIEN...
HM ?
TIENS... ... C'EST ZOÉ.
SS...
...
AU BUREAU, MES COLLÈGUES NE PENSENT QU'AUX VACANCES !
AH BON ?
JE LEUR EN AI FAIT LA REMARQUE. ALORS, ILS SE SONT MOQUÉS DE MOI EN DISANT QUE LES JAPONAIS TRAVAILLAIENT TROP.

AH ! AU FAIT...
UN TORSE POILU ?
C'EST VRAI QU'UN TORSE POILU, ÇA PEUT FAIRE TOURNER LA TÊTE.
ÇA A UN CÔTÉ GEORGE CLOONEY.
N'EST-CE PAS ?
OH ! ÇA DOIT COÛTER CHER EN PRESSING.
DE PLUS, ILS NE PORTENT RIEN SOUS LEUR CHEMISE.
Les Japonais.
... C'EST PAS SEXY.
VOIR UN MARCEL SOUS LA CHEMISE...
... POUR LES VACANCES !!!
J'AI RÉSERVÉ NOS BILLETS...
TADAAAAAN !!
SNCF
CHAMONIX.

* CÉLÈBRE ALPINISTE JAPONAIS.

LUMI... ÇA TE FERAIT PAS DE MAL DE TENIR UN STYLO DE TEMPS EN TEMPS.
MALHEUREUSEMENT, LE PORTABLE NE CAPTE AUCUN RÉSEAU ICI !
C'EST LOW-TECH !!
DES CARTES POSTALES ?!
POURQUOI LES GENS QUI PASSENT LEURS VACANCES À LA MONTAGNE PORTENT DES BERMUDAS ?
"CHERS TOUS...
JE VAIS ENVOYER DES CARTES POSTALES AUX COPAINS.
QUOIiiii ?!
UNE BOITE AUX LETTRES ?!
C'EST LA BOITE AUX LETTRES QUI SE TROUVE À LA PLUS HAUTE ALTITUDE DE TOUTE L'EUROPE !
YEAH !
... L'HIMALAYA, C'EST VRAIMENT TROP TOP !"
PANORAMA DE LA CHAÎNE MONTAGNEUSE.
J'AURAIS DÛ DEMANDER L'ADRESSE DE FATIMA...
MINCE !
GARÇON ! UNE MONTAGNE DE MONT BLANC, S'IL VOUS PLAÎT !

AH !
C'EST LA RENTRÉE DES CLASSES.
BEURK ! JE TOMBE SUR UN PROF QUE J'AIME PAS !
...
OUI.
OH ! ON EST ENCORE DANS LA MÊME CLASSE.
EUH...
OUI.
ON EST ENCORE DANS LA MÊME CLASSE, IROYA !
IL A CHANGE DE COIF-FURE ?
... MAIS...
JE SUIS RASSURÉ...
...
C'EST ÉTRANGE.
JE NE SUIS PLUS DANS LA MÊME CLASSE QUE FATIMA.

MAIS POURQUOI JE RESSENS ÇA ?
HE !
... D'UN AUTRE CÔTÉ, JE SUIS UN PEU TRISTE...
CLAC
IL SE PARLE TOUT SEUL !!
QU'EST-CE QUI TE PREND DE FRAPPER MON FRÈRE, HIROYA ?
CLAAAC
HEIN ?
OH !
TU ÉTAIS LÀ ?
ÇA FAIT MAAAL...
TU AS DIT QUELQUE CHOSE, "LA VIEILLE" ?
CETTE ANNÉE, JE N'AURAI PLUS À M'EMPORTER CONTRE UN EMPOTÉ DE JAPONAIS.
... EUH... OUI.
TU AS VU LA RÉPARTITION DES CLASSES ?
HI-ROYA...
ÇA FAIT MAAAL...
ÇA VA ?
Aïïïïe !

T'ES VRAIMENT NULLE.
PFFFF...
... FATIMA...
JE REGRETTE D'AVOIR ÉTÉ TRISTE...
Aiiiie !
COMMENT OSES-TU DIRE ÇA À UNE JEUNE FILLE ?
BAM
POURQUOI TU DIS ÇA, SAKIA ?
HÉ ! TU ME COMPRENDS ?
C'EST TROP DUR D'AVOIR UNE GRANDE SOEUR NULLE EN AMOUR, HEIN ?
NON. JE TE COMPRENDS PAS.
QUOiiiii ?
PENDANT CE TEMPS, LUMI...
...

JE RE...
... JE REDOUBLE ?!
OUI. C'EST NORMAL AVEC DE TELS RÉSULTATS.
COMME C'EST GÊNANT...
...
IL N'EN EST PAS QUESTION !!
JE NE POURRAI PAS SURVIVRE ! C'EST TROP LA HONTE !!
VOYONS ! LUMI !
C'EST DE TA FAUTE.
JE VAIS À MONACO POUR RETROUVER LE PRINCE...
T'AS ÉTÉ VOIR LES NOUVEAUX VINYLES ?
À PARIS, Y A PAS DE BONS MORCEAUX U.S.
(LES NOUVEAUX ÉLÈVES.)
FINALEMENT, JE VEUX BIEN FAIRE UN EFFORT CETTE ANNÉE.
LES NOUVEAUX SONT TROP MIGNONS !
HIROYA...

DÉSOLÉE DE T'AVOIR GIFLÉ...
... TOUT À L'HEURE...
... C'EST PAS GRAVE.
MOI AUSSI, JE M'EXCUSE D'AVOIR DIT DES CHOSES PAS SYMPAS.
C'EST PAS GRAVE.
C'EST VRAI QUE JE ME MÊLE SOUVENT DE CE QUI NE ME REGARDE PAS !
NE DIS PAS ÇA...
MERCI POUR TOUT.
AH, ELLE A SOURI.
POURQUOI T'ES TOUT TRISTE ?
ON EST DANS LA MÊME ÉCOLE. ON SE VERRA TOUS LES JOURS.
OUI...
TU AS RAISON.
EUH... JE PEUX TE FAIRE UN BISOU ?

BISOUS !!
POUR CHACUN...
...
FATIMA, QUAND ON TE REGARDE BIEN...
QUOI ?
HEIN ?
BOBOM
... CETTE RENTRÉE EST SYNONYME D'ÉVOLUTION...
... TU AS UN PEU DE MOUSTACHE.
CLAAAAC
ENFIN... PEUT-ÊTRE...

JE CONTINUE MES EFFORTS POUR ME FAIRE DES AMIS...
CHERCHER À SE FAIRE DES AMIS...
... FINALEMENT, C'EST SE CHERCHER SOI-MÊME.
JE VOIS PAS L'INTÉRÊT DE CE SPORT.
POF
PARDON ?
MAIS TU AS DES COPAINS À L'ÉCOLE.
LÀ, ON S'ENTRAINE.
VIUM
JE NE PARLE PAS DE COPAINS...
... MAIS D'UN VÉRITABLE AMI...
TU FERAIS MIEUX DE PENSER AUX FILLES.
LOCAL POUBELLE
T'AS DÉJÀ DES POILS, NON ?
PARDON ?
LAISSE TOMBER.
TU SAIS... JE COMPRENDS CE QUE TU VEUX DIRE...

SON PÈRE ÉTAIT POLONAIS. NICOLAÏ AIMAIT L'ALCOOL DEPUIS QU'IL ÉTAIT TOUT PETIT.
AU COLLÈGE, IL ÉTAIT DÉJÀ ALCOOLIQUE.
NICOLAÏ. ON ÉTAIT NÉS LE MÊME JOUR, À LA MÊME HEURE.
ON A GRANDI DANS LE MÊME IMMEUBLE.
J'EN AVAIS UN.
...
ET TOI ? TU AS UN MEILLEUR AMI ?
IL A LOUPÉ LE BAC ET A COMMENCÉ À AVOIR DE MAUVAISES FRÉQUENTATIONS.
J'AI VOULU L'AIDER. MAIS J'AI ÉTÉ À MON TOUR PRIS AU PIÈGE.
ON A VENDU TOUT CE QU'ON AVAIT ET ON EST PARTIS EN THAÏLANDE.
ON VOULAIT GAGNER UN MAX DE POGNON EN VENDANT DE LA COKE. PAR CHANCE, ON S'EST FAIT PINCER.
EN PRISON, LA BOUFFE EMPESTAIT L'URINE.
NOS PARENTS ONT PAYÉ LA CAUTION ET ON EST RENTRÉS EN FRANCE.
À NOTRE GRANDE SURPRISE, UN ÉDITEUR NOUS ATTENDAIT.
NICOLAÏ A ÉCRIT UN LIVRE SUR SON EXPÉRIENCE EN PRISON ET ÇA A FAIT UN TABAC.
MOI, JE SUIS RETOURNÉ À LA FAC.
NICOLAÏ NE SAVAIT ÉCRIRE QUE CE QU'IL AVAIT VÉCU.
IL ÉTAIT COMME ÇA.

APRÈS SON PREMIER LIVRE, IL ÉTAIT À COURT D'IDÉES.
IL A PRIS DE LA COKE POUR AVOIR DE L'INSPIRATION. ET IL EST DEVENU ACCRO.
ET...
... IL EST MORT.
C'ÉTAIT EN 2003...
L'ANNÉE DE L'ÉCLIPSE TOTALE.
!
JE...
IL N'A PAS TOUT COMPRIS MAIS IL A SAISI QUE SON AMI ÉTAIT MORT.
DÉSOLÉ...
NON, C'EST RIEN.
ON A TOUS NOTRE HISTOIRE.
BOM
POUBELLE
AÏE !
HE ! RAPHAËL !

C'EST NICOLAÏ, MON COLOCATAIRE.
...
SI T'AS LE TEMPS DE RACONTER DES BOBARDS...
NICO...
... ALORS T'EN AS POUR PRENDRE DES COURS D'HTML !!
T'ÉTAIS LÀ ?
NE M'ASSASSINE PAS, TU VEUX !
WAOUH !!!
TOKIMI
J'IGNORAIS QUE C'ÉTAIT COMME ÇA CHEZ NOS VOISINS...
C'EST DINGUE !
VOUS FAITES QUOI, ICI ?!
TU AS DÉJÀ BU DU CAFÉ ?
C'EST NOTRE BOITE.

C'EST VRAI ? COMME ÇA, IL A UNE ENTREPRISE ?
...
AU FAIT, T'AS UN TÉLÉPHONE PORTABLE JAPONAIS ?
PROMENER LES CHIENS OU FAIRE LA DOUBLURE DU PRÉSIDENT CHIRAC... ON FAIT VRAIMENT TOUT.
SI T'AS BESOIN DE NOUS, ON EST LÀ. ♡
AU FAIT, SON COLOCATAIRE EST MIGNON ?
JEUNE ENTREPRENEUR ?!
BUSINESS ?
IL EST SÛREMENT TRÈS INTELLIGENT...
Croissant.
SACHE QUE L'AMITIÉ FÉMININE...
HIROYA ...
LUMI... TU AS UNE MEILLEURE AMIE ?

* LES ÉCHANGES DE BALLES AU BASEBALL.

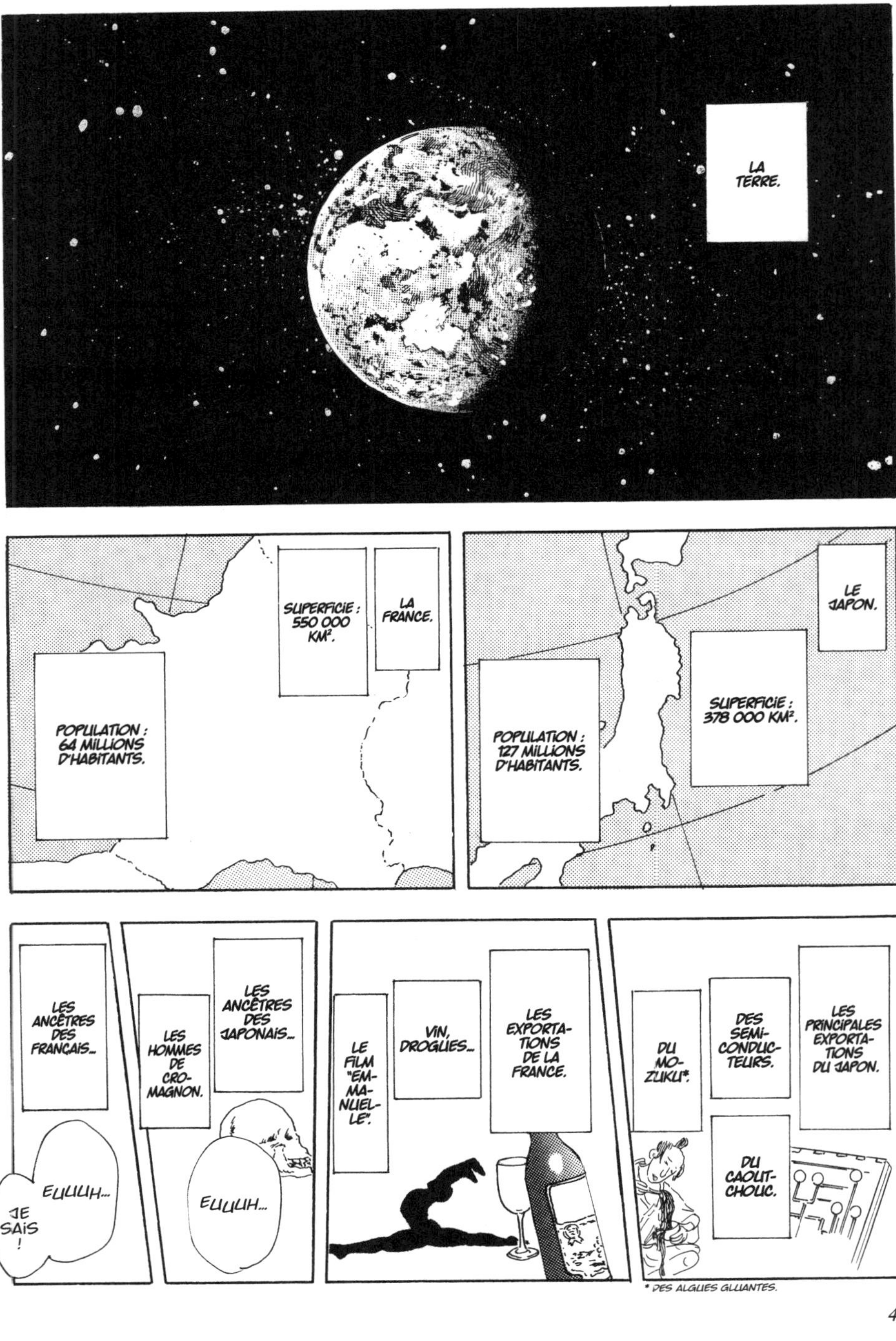

* DES ALGUES GLUANTES.

* PERSONNAGE DU MANGA "GON" QUI A POUR THÈME LA PRÉHISTOIRE.

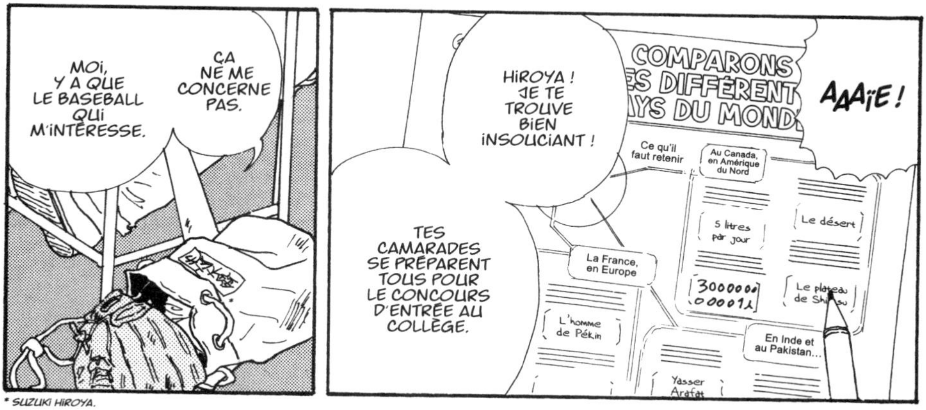

* SUZUKI HIROYA.

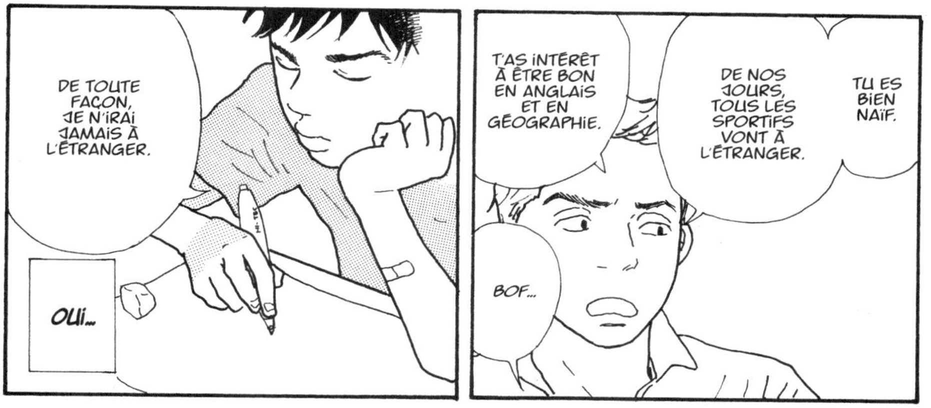

POUR MOI, L'ÉTRANGER ET LES LANGUES ÉTRANGÈRES...
LA GÉOGRAPHIE EN CM2
CAHIER D'EXERCICES EN COULEUR
NOTRE MONDE
... ÇA NE REPRÉSENTAIT PAS GRAND-CHOSE...
... JUSQU'À CE QUE MON PÈRE SOIT MUTÉ EN FRANCE.
PARIS.
QUOIiiiiii ?!

JE COMPTAIS RENTRER AU JAPON, FAIRE UN CYCLE COURT ET AVOIR LA COTE PARCE QUE JE REVIENS DE L'ÉTRANGER !
JE SUIS UN PEU INQUIÈTE.
TOUT MON PLAN TOMBE À L'EAU.
ALORS, HIROYA IRA DANS UN LYCÉE FRANÇAIS ET LUMI DANS UNE FAC FRANÇAISE.
J'AI ÉTÉ FÉLICITÉ PAR LE PRÉSIDENT LUI-MÊME EN VISIOCONFÉRENCE.
C'EST TRÈS BIEN !
OUI...
... ON VA RESTER ENCORE 3 ANS, ICI ?!
ON...
TU PENSES POUVOIR ALLER JUSQU'À LA FAC, LUMI ?
TU COMPTES ABANDONNER TES ÉTUDES ?
SI J'ABANDONNE MES ÉTUDES EN COURS DE ROUTE, ÇA NE FERA PAS TROP DE GÂCHIS.
TU AS RAISON.
EN FRANCE, ON DIT QUE LES FRAIS DE SCOLARITÉ SONT PEU ÉLEVÉS.
AU FAIT !
POSITIVONS !
MOI...
ÇA SUFFIT !!
BON !
ARRÊTEZ VOS CONSIDÉRATIONS SUR MON CERVEAU !

... ÇA NE M'ARRANGE PAS DU TOUT...
AH...
あ
OUI...
SIX MOIS APRÈS NOTRE ARRIVÉE EN FRANCE...
¡ROYAAA !!
... J'ÉTAIS CONFRONTÉ À UN PROBLÈME.

À MIDI.
Tout seul.
...
Tout seul.
ET ENSUITE, BLABLA...
EUH... SALUT...
AH...
SALUT !
FRANÇAIS.
MATHÉMATIQUES.
CHIMIE.
ETC.
Il ne comprend vraiment rien, à tel point que...
GLOUPS !
...
GÉOGRAPHIE.
...
HISTOIRE.
C'EST AVANT TOUT UN PROBLÈME DE LANGUE.
BUREAU DU DIRECTEUR

AH BON...
JE N'AI PAS L'IMPRESSION QU'IL COMPRENNE LES COURS.
DE PLUS, IL COMMUNIQUE TRÈS PEU AVEC LES AUTRES ÉLÈVES.
PERSONNELLEMENT...
... JE LUI CONSEILLE D'INTÉGRER UNE ÉCOLE JAPONAISE.
JE VOUS DEMANDE DE BIEN EN DISCUTER EN FAMILLE.
SNIF...
IL A DE LONGS CILS...
PFFF...
ÇA M'A DONNÉ MAL AU DOS.
"METTEZ-LE DANS UNE ÉCOLE JAPONAISE"...
ILS SONT VRAIMENT DIRECTS, LES FRANÇAIS.
...

C'EST VRAI QUE CE N'EST PAS ÉVIDENT DE RÉPONDRE DE BUT EN BLANC !
dans les conversations
avec mon fils de 13 ans.
Ponta : Rassurez-vous.
Les idéogrammes japonais
qui désignent l'être humain
sont ceux de "l'homme" et
Il est naturel
de pause…
Docteur Ponta
TU SAIS…
TU AIMES ALLER À ÉCOLE ?
ET TOI, HIROYA ? QUEL EST TON SENTIMENT ?
… ILS N'ARRIVENT MÊME PAS…
… À PRONONCER CORRECTEMENT MON PRÉNOM.
… QUAND JE SUIS À L'ÉCOLE…
ALORS, J'AI PAS VRAIMENT L'IMPRESSION D'ÊTRE MOI-MÊME…
ALORS, J'AI PAS L'IMPRESSION QUE C'EST MOI QU'ILS APPELLENT.
NI LES PROFS NI MES COPAINS.
HEIN ?

HiROYA...
BAAH ! J'EXAGÈRE.
C'EST PEUT-ÊTRE JUSTE UN PRÉTEXTE POUR NE PAS ALLER À L'ÉCOLE.
...
TIENS ! ILS VENDENT DES OEUFS DE HARENGS.
QUOiiiii ?
JE NE SUIS PAS DU TOUT D'ACCORD AVEC LUI !
DANS CE CAS, IL N'A QU'À SE TROUVER UN SURNOM.
IL POURRAIT S'APPELER JEAN, PAUL OU BELMONDO.
PEUT-ÊTRE, MAIS...
... JE LE COMPRENDS.
C'EST TRISTE QUAND LES AUTRES NE RETIENNENT MÊME PAS TON PRÉNOM.
J'AI FAIT UNE GÉNOISE.

...
Il a l'air imperturbable, comme ça...
... mais il est assez sensible aux changements.
De plus, c'est un ado...
Il risque de s'enfermer dans sa coquille...
Goûte.
En fait...
... il n'arrive pas à faire la part des choses.
BUY ME
Son cœur est encore au Japon.
Maintenant que tu le dis...
... il a l'air d'avoir moins de copains depuis la rentrée.
Vraiment ?
Alors, c'est bien ça ?
C'est bon.
...
Si seulement nous ne l'avions pas emmené en France...

C'EST BON !
MADEMOISELLE LUMI VA S'OCCUPER DE LUI !!
RROU... RROU...
VRAIMENT ?
TU ME SAUVES !
C'EST DÉLICAT POUR LES PARENTS D'INTER-VENIR.
MAIS JE VEUX UN HERMÈS POUR MON ANNIVERSAIRE !!
C'EST D'ACCORD ?
...
AH LÀ LÀ...

C'EST DUR !
JE NE SAVAIS PAS QUOI FAIRE, ALORS JE SUIS SORTI.
CHEZ MOI, ILS SONT EN PLEINE SÉANCE DE "CELLULE DE CRISE" À MON SUJET...
... POUR LES ÉTUDES...
... C'EST VRAI QUE CES DERNIERS TEMPS, JE MANQUE DE MOTIVATION...
... ET AUSSI POUR PARLER AVEC LES AUTRES.
MAIS...
SI ON NE ME COMPREND PAS DU PREMIER COUP...
... JE ME DIS : "BAH ! TANT PIS !...
... LAISSONS TOMBER."

… EST-CE VRAIMENT TOUT ?
MAIS…
…
BAMBI…

EN FAIT, ÇA M'EMBÊTE DEPUIS UN MOMENT.
ELLE ÉTAIT FÂCHÉE, LA DERNIÈRE FOIS.*
...
JE FAIS QUOI ?
J'ESSAYE DE LUI PARLER ?
MAIS DE QUOI ?
HMM...
TOURNE
BOUUUUM
...
ZOE ?

* VOIR PAGE 24.

QU'EST-CE QU'IL Y A ?
C'EST RIEN.
J'AI CRU VOIR QUELQU'UN QUE JE CONNAIS.
MAIS JE ME SUIS TROMPÉE...
...
BUY ME
HE !
POURQUOI JE ME CACHE ?
J'ÉTAIS SI FROUSSARD QUE ÇA, AVANT ?!

La maman

HiROYA ! TU VAS ÊTRE EN RETARD !
QU'EST-CE QU'iL FABRiQUE ?
LUMi EST DÉJÀ PARTiE ?
ELLE EST BiEN MATiNALE.
Ce n'est pas son habitude.
JE NE TE L'Ai PAS DiT...
EN FAiT...
HM ?
FSSSS FUiii...
FSSSS FUiii...
FSSSS FUiii...
Bruit de respiration.

Champ de vision de Hiroya.

BOM
...
BOM
J'AI TROP CHAAAUD !!!
CRAAATCH
POUSSE
Boîte aux lettres.
POUSSE
ギュウ
ギュウ
JE LAISSE TOMBER.
ÇA SERT À RIEN DE DÉPRIMER.
DE PLUS, JE RISQUE DE MARCHER SUR UNE CROTTE.

ALLEZ !
PFFFF !
PRÊT...
QUOI QU'IL EN SOIT, JE PIQUE UN SPRINT JUSQU'À L'ÉCOLE !!
L'IMPULSION, C'EST IMPORTANT !!
... PARTEZ !
OH ! IL ESQUIVE CINQ PERSONNES COMME MARADONA !
JE CROIS QUE C'EST NOTRE VOISIN.
LES GOSSES ONT DE LA CHANCE, QUAND MÊME.
ILS N'ONT PAS À S'INQUIÉTER POUR LA BOUFFE NI POUR LEUR TOIT.
DE PLUS, NOTRE PETIT VOISIN, IL VIT À L'ÉTRANGER AUX CROCHETS DE SES PARENTS. C'EST LE PIED !
TU TROUVES ?

ET C'EST QUOI ?
TOI... QUELQUE CHOSE TE FAIT DÉFAUT EN TANT QU'ÊTRE HUMAIN.
DIS-LE-MOI !!
METS UN PANTALON.
RÉFLÉCHIS 3 MINUTES, TU COMPRENDRAS.
POURQUOI ?
DE QUOI IL POURRAIT SE PLAINDRE ?
JE NE VOIS VRAIMENT PAS !
C'EST PEUT-ÊTRE PAS SI ÉVIDENT QUE ÇA POUR LUI.
MOI, JE SUIS CONTENT D'ÊTRE UN ADULTE.
I LOVE N♥Y
HIROYA !!
ATTENDS !
HE...

... FATIMA !!
PFFFFF ! JE T'AI ENFIN RATTRAPÉ.
TU MARCHES VITE, HIROYA !
ALORS ? TA NOUVELLE CLASSE ?
TU T'ES HABITUÉ ?
OU... OUI.
IL SECOUE LA TÊTE INCONSCIEMMENT.
ÇA VA ! ÇA VA ! ÇA VA !
ド
BAAAAM
HA ! HA ! HA ! HA ! HA !
TU PARLES ! ÇA N'A PAS L'AIR D'ALLER DU TOUT !
Pourquoi les Japonais mentent sur ce genre de choses ? C'est trop drôle.
CRAC
... VRAIMENT ?

CE... CE N'EST PAS SÛR QUE JE PARTE...
MAYBE...
MON DOS...
IL VEUT T'ENVOYER À L'ÉCOLE JAPONAISE ?
Ils ont conduit le plus jeune frère à l'école.
...
JE COMPRENDS UN PEU...
SI...
ÇA FAIT 6 MOIS QUE JE SUIS LÀ.
RIEN DE RIEN ?
TU NE COMPRENDS VRAIMENT PAS LE FRANÇAIS ? À CE POINT ?
MÊME QUAND JE TE PARLE ?
HE...
SI JE T'APPRENAIS LE FRANÇAIS ?

TU DOIS T'OCCUPER DE TES FRÈRES ET SOEURS...
MAIS...
ON SE DIT À MERCREDI APRÈS-MIDI ? ON N'A COURS QUE LE MATIN.
JE M'ARRANGERAI.
MAIS OUI ! ON N'A QU'À FAIRE ÇA !
D'ACCORD ?
GOOD IDEA !
BIEN JOUÉ, FATIMA.
QUOI ?
Fatima n'a aucune arrière-pensée.
... MAIS...
C'EST DÉCIDÉ !
ALORS, À MERCREDI !!
JE...
... JE ME SUIS LAISSÉ CONVAINCRE PAR SON ENTHOUSIASME.
... NE DÉCIDE PAS TOUTE SEULE !!

... JE M'ENTENDRAI MIEUX AVEC...
POAAAM
ポワ〜ン
J'AI RIEN À FAIRE LE MERCREDI, DE TOUTE FAÇON.
TANT PIS.
DE PLUS, SI J'APPRENDS À MIEUX PARLER...
...
BAH...
HEIN ?!!
JE M'ENTENDRAI MIEUX AVEC "TOUT LE MONDE" !
SURTOUT AVEC DES "GARÇONS" !!
VOTEZ
moi moi moi !!
BIENVENUE DANS UN AVENIR RADIEUX.
TAAAAP
ピタ
TAAAAP
ピタ
POURQUOI JE PENSE À BAMBI ?!
Note : en amour, Hiroya est encore timide.

... JE SUIS UN PEU BIZARRE.
BOUM
AH...
DÉSO...
CES DERNIERS TEMPS...
HAAAH !...
PA...
... PARDON ?!
CISSE ?
COUPEZ ! C'EST TRÈS BIEN ! TRÈS BIEN !
DOKO ME TSUKETERUNDAYO ? (TU REGARDES OÙ TU METS LES PIEDS ?)
OÏ ! TEMÉÉ !* (HÉ ! TOI !)
TAKO ! (GROS NAZE !)
* EN JAPONAIS DANS LE TEXTE.

* "RACKET" EN JAPONAIS.

* JE SUIS LA MEILLEURE DE L'UNIVERS.

VA-T'EN, S'IL TE PLAIT !
HM...
BAH, QUOI ? DIRE QUE JE ME DÉMÈNE.
JE ME SUIS LEVÉE TÔT POUR FAIRE MON BRUSHING.
CETTE PERSONNE FAIT PARTIE DE TA FAMILLE, IROYA ?
C'EST GÊNANT QU'ELLE AGISSE AINSI.
EUH... OUI !
JE SUIS DÉSOLÉ !!
DOOOM
VIUUU
AAAAAH !!!
LUMI ! JE NE LUI AVAIS RIEN DEMANDÉ !!
C'EST SA GRANDE SOEUR !
PST PST !
ヒソヒソ
TU CROIS QU'ELLE SE TEINT LES CHEVEUX ?
HI HI !
クスクス
ELLE EST VENUE FAIRE QUOI ?
ELLE FAIT PARTIE D'UNE SECTE ?
HI HI HI !
ヒヒヒ
LES YANKEES, C'EST AMÉRICAIN, NON ?
ALORS, IL EST AMÉRICAIN ?
HÉ HÉ HÉ !
キキキ
D'AILLEURS, C'EST QUI, CE TYPE ?

POM
ストーン
...
DIS...
PARLE-MOI DU JAPON.
...
HEIN ?
EUH... JE...
ELLE...

Alors...
... Tu veux ou tu veux pas ?
Re-ponds.
... Elle n'est plus fâchée !?
Je...
Je veux bien.
Bien sûr !
Y a combien de japonais au Japon ?
Euh...
...
C'est qui, ce type ?
Il ne me plaît pas...

* AU JAPON, DANS LES ÉCOLES, CES FÊTES ONT LIEU EN AUTOMNE.

JE SUIS ICI !!
HIROYAAAA !!
FINALEMENT, LES PETITS SONT VENUS AUSSI...
CA NE T'EMBÊTE PAS ?
EUH...
NON, PAS DU TOUT.
EN FAIT...
... J'AURAIS ÉTÉ EMBARRASSÉ QU'ON SE RETROUVE SEULS, TOUS LES DEUX.
SI LUMI NOUS AVAIT VUS ENSEMBLE...
ALORS, TOUT D'ABORD...
... ON VA COMMENCER AVEC LES LIVRES DE MON PETIT FRÈRE ET DE MA PETITE SOEUR...
EH OUI...
OH ! C'EST TON PREMIER RENDEZ-VOUS ! FÉLICITATIONS !

EN AUTOMNE, À PARIS, LES BANCS PUBLICS...
... SONT LES PLACES RÉSERVÉES AUX AMOUREUX.
CE N'EST PAS DU TOUT ÇA !
QUI PARLE, D'ABORD ?!
?
...
PFT !
C'EST MOI.
SALE DRAGUEUR...
BONSOIR, HIROYA.
TU RENTRES BIEN TARD.

UNE COPINE M'A DONNÉ DES COURS DE FRANÇAIS.
OH ! TU T'ES FAIT UNE AMIE ?
JE SUIS SI CONTENTE POUR TOI !
EMMÈNE-LA À LA MAISON LA PROCHAINE FOIS.
JE FERAI UN GÂTEAU.
NON...
ON N'EST PAS ENCORE ASSEZ PROCHES.
VLAN
HAAAA !!
JE SUIS ÉPUISÉE !!
LES COURS DE L'ÉCOLE PLUS DES COURS DE SOUTIEN, ÇA FAIT BEAUCOUP.
CES LIVRES SONT TROP LOURDS.
De plus, c'était à moitié du baby-sitting.
Pigeon !
Route.

JE DOIS RÉVISER...
LE PLUS LONG DES VOYAGES COMMENCE PAR UN PREMIER PAS.
AH... MAIS J'AI SOMMEIL...
être (présent)
... J'AI DÉCIDÉ DE FAIRE DES EFFORTS.
MAIS...
C'EST DIFFICILE, LE FRANÇAIS...
ZZZ...
HIROYA ! À TABLE !
[redacted]
HAM !
HAM !

* STEAK HACHÉ AVEC DES OIGNONS, DE LA CHAPELURE ET DE L'OEUF.

Y A ENCORE UN ÉLÈVE QUI MARCHE TRANQUILLEMENT...
HM ?
SS
BAM

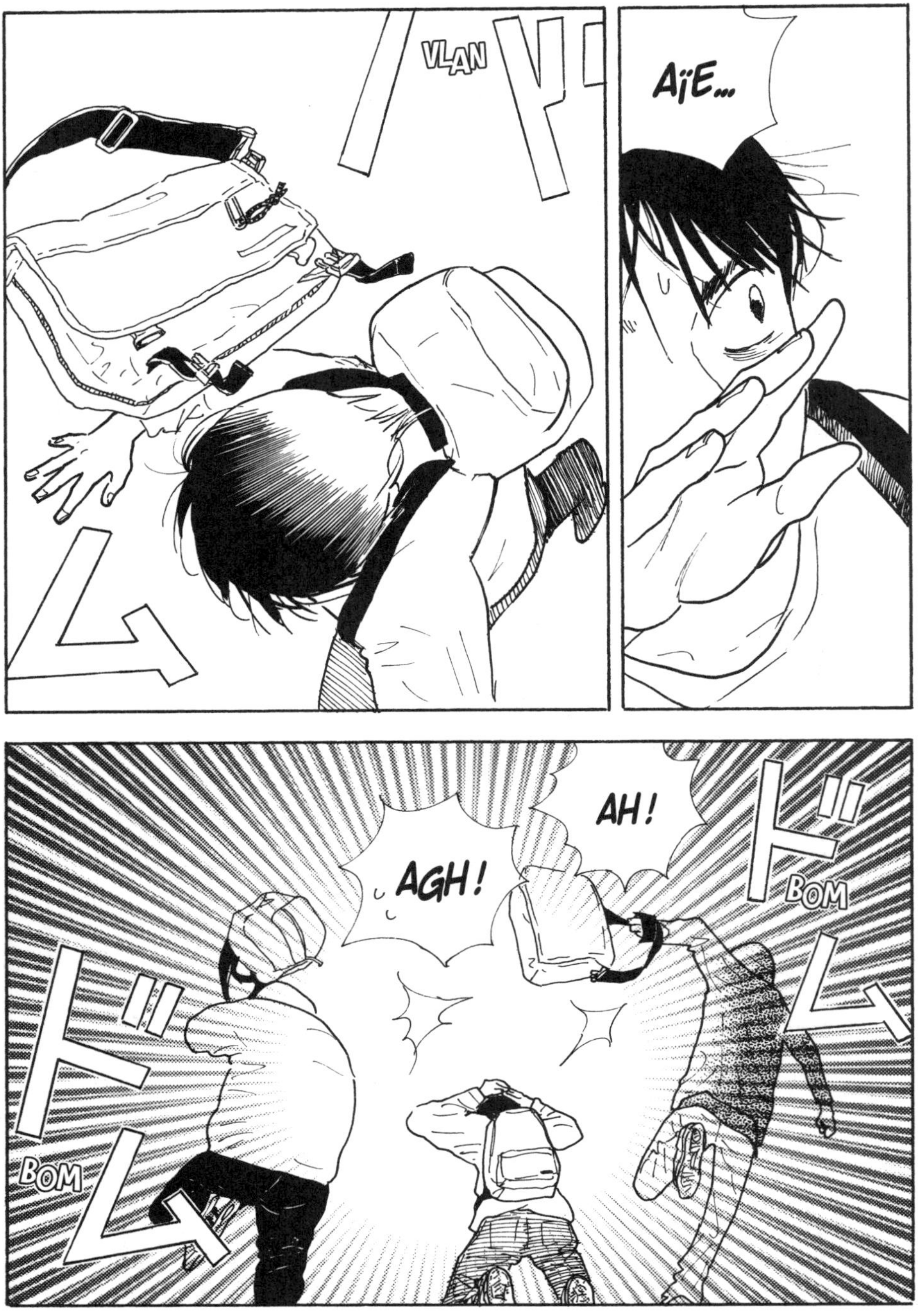

AïE...
VLAN
AH !
BOM
AGH !
BOM

NON...
CE N'EST QUAND MÊME PAS CE QU'ON APPELLE...
C'ÉTAIT QUOI, CE TRUC ?
HEIN ?
C'EST SÛR...
OUI...
JE ME FAIS DES IDÉES...
NON... NON...
TAC...

AH !
HM !?
ÇA NE S'OUVRE PAS...
HM ?
CE N'ÉTAIT...
DE LA GLU...
... PEUT-ÊTRE PAS...
... JUSTE MON IMAGINATION...
HE ! IROYA SUZUKI !!!

* "BRIMADE" EN JAPONAIS, UNE PRATIQUE COURANTE EN MILIEU SCOLAIRE.

OOOOH !
オー
VIUM
VIUM
VIUM
ピタッ
TAP
LE MIEUX EST D'ATTENDRE QUE ÇA PASSE...
BROUHAHA
BROUHAHA
どよどよ
L'INSTINCT DE CELUI QUI VIENT DU PAYS DU KIME.
IL EST HORS NORME.
IMPRESSIONNANT !
AGH !
ぐきゅるるる
KRUIIIIIRRRRR
PFFF...

J'AI PEUT-ÊTRE UN PEU TROP MANGÉ...
FLOP
FLOP
FSSSS
HM ?
IL PLEUT ?
JE TE JURE !
Ils bloquent la porte pour l'empêcher de sortir.
IL SE PREND POUR QUI, À TOURNOYER DANS LES AIRS ?
FSSSS
T'ES UN SINGE DE CIRQUE OU QUOI ?
JE SUIS MAL...

T'ES VRAIMENT ÉNERVANT.
TU TE METS EN AVANT EN UTILISANT TA FAMILLE...
PAR-DERRIÈRE, TU FAIS LE JOLI COEUR AVEC LES FILLES...
ET MOI...
... J'AIME PAS ÇA.
...
HÉ ! ÇA SUFFIT, NON ?
ON EST TOUT TREMPÉS, NOUS AUSSI.
LA FERME !!
LES RÔLES SECONDAIRES N'ONT PAS LEUR MOT À DIRE !
HM ?
UNE COUPURE D'EAU ?
ビシャッ
SPLAASH
キュッ
CRRR

TOI ? ICI ?!
COMMENT AS-TU FAIT ?!
ÇA...
ÇA... C'EST POUR CE MATIN !
Couloir.
Cour intérieure.
Fenêtre.
Il est passé par en dessous.
Porte.
Couloir.
PFT !
C'EST PAS GRAVE.
ON VA EN PROFITER...
UN NINJA ! C'EST UN NINJA !
BOM
... POUR T'APPRENDRE À VIVRE...
HEIN ?
MAIS...

IL EST... ...SUPER-NUL.
ÇA FAIT MAAAAL !!
AÏÏÏE !!!
J'AI JUSTE IMITÉ UN COMBAT DE JEUX VIDÉO.
TU VAS VOIR !
AH !!
HEEE ! VOUS DEUX !
Prof
QU'EST-CE QUE VOUS FAITES ?
QUOiiii !?
UN JAPONAIS !?
NON !!
JE SUIS FRANÇAIS.
À 50%.
AH OUI ? VRAIMENT ?
TU PARLES JAPONAIS ? TU HABITES OÙ ?
TU SAIS FAIRE DU CATCH-BALL ?
Nous nous sommes battus de façon stupide.
Nous avons honte de ce que nous avons fait.
NE T'APPROCHE PAS DE MOI !
JE TE PRÉVIENS ! J'AI PAS L'INTENTION DE DEVENIR TON POTE.

MON NIVEAU DE FRANÇAIS COMMENCE À S'AMÉLIORER.
AH BON ?

UN GARÇON MOITIÉ JAPONAIS, MOITIÉ FRANÇAIS, QUI EST NÉ ICI ?
ET IL EST DANS NOTRE ÉCOLE ? JE NE LE CONNAIS PAS.
OUI.
IL EST ARRIVÉ APRÈS MOI.

ALORS ? TU PENSES QUE VOUS ALLEZ ÊTRE AMIS ?
C'EST-À-DIRE QUE...
T'AS PIGÉ ? NE ME PARLE PAS JAPONAIS !!
ON EST EN FRANCE. ALORS, PARLE FRANÇAIS !
MOI, JE DÉTESTE...
... LES JAPONAIS ET LE JAPON !
JE PARVIENS À SOUTENIR DE PLUS LONGUES CONVERSATIONS.
VOILÀ CE QU'IL A DIT.
IL M'A DIT ÇA EN FRANÇAIS.
CE N'EST PAS GAGNÉ.
Rayures.
MAIS ICI, IL Y A VRAIMENT DES ENFANTS DE TOUS LES PAYS...
C'EST PAS LE CAS AU JAPON ?
IL Y A PARFOIS DES MÉTIS.
MAIS UN OU DEUX PAR NIVEAU À L'ÉCOLE.
CELA ÉVEILLE LA CURIOSITÉ.
AH BON ?

* ABRÉVIATION DE CONVENIENCE STORE, ÉPICERIE OUVERTE 24H/24H.

C'EST TOI, MAMAN ?
OH ! ÇA FAIT SI LONGTEMPS !!
AH BON ? ELLE ÉTAIT DANS TA PROMO À LA FAC ?
OUI, C'EST ÇA.
ELLE A CONTINUÉ SES ÉTUDES EN FRANCE ET S'EST MARIÉE ICI.
COMMENT EST-ELLE ?
ELLE EST TRÈS DOUCE. C'EST L'INCARNATION DE LA FEMME JAPONAISE.
JE L'AI INVITÉE À PASSER À LA MAISON LA SEMAINE PROCHAINE.
ON ÉTAIT DANS LE MÊME CLUB DE DANSE JAPONAISE.
TU L'AS DÉJÀ RENCONTRÉE, PAPA ?
...
ELLE EST TOUTE JOYEUSE.
ブルゥ〜
DÉPRIMÉ

* "C'EST DUR D'ÊTRE UN HOMME", TITRE D'UNE SÉRIE TÉLÉVISÉE JAPONAISE.

À TABLE, ZOÉ !
ZOÉ !?
QU'Y A-T-IL ?
ELLE NE VEUT PAS M'OUVRIR.
ENCORE ?
CES DERNIERS TEMPS, ELLE EST INSTABLE.
JE CROIS QU'ELLE SORT LA NUIT.
JE SUIS INQUIÈTE...

TU AS FAIT DES EFFORTS CES DERNIERS TEMPS, IROYA !!
HEIN ?
TU AS GAGNÉ 5 POINTS DE PLUS À CE CONTRÔLE.
Il a eu zéro la dernière fois.
CONTINUE COMME ÇA !
ME... MERCI !!
ON...
...ON M'A FÉLICITÉ !!
JE SUIS TROP CONTENT !!!
Danse de la joie
POF !

BAH, QUOI ?
ME FAIRE ÇA QUAND JE SUIS AUX ANGES...
IL N'EST PAS SYMPA !!
TAP TAP TAP TAP
JE M'EN FICHE, DE CE TYPE, DE TOUTE FAÇON.
Y A UNE NANA LÀ-DESSOUS...
IL Y A SÛREMENT UNE TRÈÈÈS JOLIE FILLE DANS TA CLASSE, NON ?
IL EST BÊTE ?
C'EST PAS CE QUE JE VOULAIS DIRE...
C'EST PAS UNE FILLE. C'EST UN GARÇON.
Cour destinée aux poubelles de l'immeuble.

UNE "TRÈÈÈS JOLIE FILLE"...
ポワーン
POAAAM
MAIS JE N'AI RIEN FAIT DE...
Il a rougi.
C'est beau, la jeunesse.
Pétanque.
DE PLUS...
... JE PENSE QU'IL A...
... DE LA RANCOEUR...
... CONTRE LE JAPON.
ET PAS CONTRE MOI.
Dico
...
C'EST BIZARRE QU'IL ME DÉTESTE AUTANT.
IL EST À MOITIÉ JAPONAIS, LUI AUSSI.
MAIS...
... ÇA NE ME REGARDE PAS, APRÈS TOUT.
Hiiiiiiiiii !!!

FATiMAAAA!!
iL A FAiT UNE TACHE SUR MON CACHEMiRE !
...
SAKiA M'A TAPÉ !
FATiMAAA !!
...
Ouiiiiiiin !
うわあーーん
LE BÉBÉ VIENT DE S'ENDORMIR.
CHUT !
DiS-LEUR DE SE...
MAMAN !!
J'ARRIVE PAS À FAIRE MES DEVOIRS.
UN JOUR...
... J'HABiTERAi SEULE.
JE GAGNERAi MA VIE.
J'AiMERAIS BiEN DEVENiR JOURNA-LiSTE.

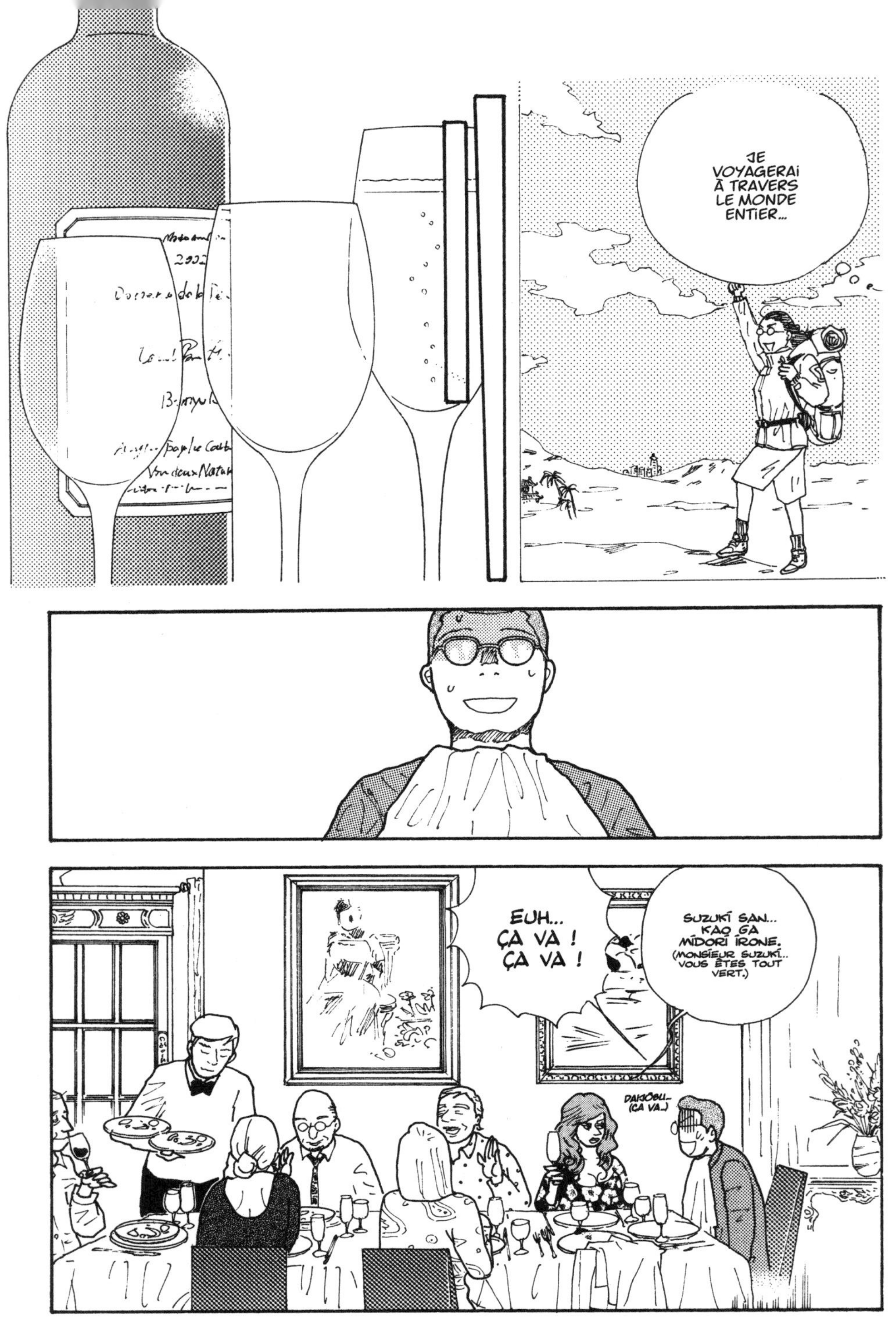
JE VOYAGERAI À TRAVERS LE MONDE ENTIER...
SUZUKI SAN... KAO GA MIDORI IRONE.
(MONSIEUR SUZUKI.. VOUS ÊTES TOUT VERT.)
EUH... ÇA VA ! ÇA VA !
DAIJÔBU.. (ÇA VA..)

TU AS VU TA CHEMISE, HIROYA ?
DIS... L'ENFANT DE TON AMIE A QUEL ÂGE ? C'EST UNE FILLE OU UN GARÇON ?
JE ME SUIS MISE SUR MON 31, AU CAS OÙ.
C'EST PAS GRAVE.
TU POURRAIS METTRE UNE CHEMISE REPASSÉE, QUAND MÊME !
LES GARÇONS, VRAIMENT...
DING DONG !
OH ! LES VOILÀ !!
EUH... JE CROIS QUE...
OUI, OUI !

OOOOH !!!
KYOKO ! ÇA FAIT SI LONGTEMPS !
TCHI... TCHIE !?
C'EST TOI ?
Autrefois.
"L'incarnation de la femme japonaise" ?
JE SUIS DÉSOLÉE. JE SUIS UN PEU EN AVANCE.
SSS
ズルッ
AH ! JE TE PRÉSENTE MON FILS !!
AAAAH !!!
C'EST UN GAMIN !
Phéromones en baisse.
AAAAH !!

* RIZ ASSAISONNÉ GARNI DE POISSON CRU ET DE CREVETTES.

* AU JAPON, LES ÉCOLIERS ONT TOUS LE MÊME CARTABLE.

FINALEMENT, QUEL QUE SOIT LE PAYS, LES GENS NE SONT PAS SI DIFFÉRENTS.
C'EST CE QUE JE ME DIS, CES DERNIERS TEMPS.
HAAAH...
JE ME LA JOUE UN PEU ?
PRINTEMPS
HIER SOIR, APRÈS LE DÎNER, C'ÉTAIT VRAIMENT DUR...

MERCI POUR TOUT ! VRAIMENT !
C'EST DE LA FAUTE DE YOSHIYUKI...
AVANTAGE CARTE
30%
CRRR
キキッ
FINALEMENT, ELLES S'ENTENDENT À MERVEILLE.
OUI, D'ACCORD !!
LA PROCHAINE FOIS, VENEZ À LA MAISON !!
VITE ! JE VEUX RENTRER.
OH !
CHE...
ON A APPELÉ UN TAXI ?
CLAC
カチャ
HM ?

OKUSAN !? (MADAME !?)
... CHERI !?
Pull angora à même la peau.
GERO MO HAKIMASHITANE. (IL A AUSSI VOMI.)
SUZUKI SAN WINE TAKUSAN TAKUSAN NONDANÉ. (MONSIEUR SUZUKI A BU BEAUCOUP BEAUCOUP DE VIN.)
...
OH! HIS-SE!
VROOOM
...
QUELLE HUMILIATION DEVANT MON AMIE QUE JE N'AVAIS PAS VUE DEPUIS LONGTEMPS !
JA... (ALORS...)
... CLEANING DAI SEIKYU SHIMASUKARANE. (... JE VOUS ENVERRAI MA NOTE DE PRESSING.)
Tache.

BOOOM
... C'EST QUOI, CETTE SECRÉTAIRE ?
BAAAM
BAM
JE PAYE AVEC LA CARTE DE MON MARI
J'ACHÈTE TOUT D'ICI À ICI
SON DÉCOLLETÉ ÉTAIT SI... SI... SI...
ELLE M'A MÊME AIDÉE À LE PORTER JUSQUE CHEZ NOUS.
ET...
CLAP
CLAP
TIENS ? ET LE DÎNER ?
QUOI !?
EURK !
JE ME SENS ENCORE MAL.
MAMAN EST EN GRÈVE.
Il y a des nouilles instantanées.

* MARQUE DE GÂTEAU JAPONAIS. ** 5 CENTS.

KEEEEF !
QUOI !?
KEEEEF !
C'EST QUOI, CETTE PHOTO AVEC CETTE FILLE ?!
IL A UNE PETITE AMIE ?!
Dossier Options
HEIN ?!
C'EST TÔT, NON ?
...
BAH, QUOI ?
CRRR
"ICI, RIEN DE NEUF"...
OH ! QUAND ON REGARDE BIEN, IL A UNE POMME D'ADAM.
C'EST VRAI QU'IL A DÉJÀ 14 ANS.
... TU PARLES ! MON OEIL !

PARLE-MOI ENCORE DU JAPON...
IROYA...
Uniforme japonais.
HEIN ?
C'EST SI SOUDAIN...
MOI...
CLIC
In-décis.
MAINTENANT, PARLE-MOI DE TOI.
BIEN SÛR !
LE MONT FUJI EST LE POINT CULMINANT DU JAPON.
ON MANGE DES CHÂTAIGNES DEPUIS LA PÉRIODE JÔMON*.
Il est plus grand que d'ordinaire.
QUE TU ES INTELLIGENT !
* PÉRIODE QUI S'ÉTEND DE - 10 000 ANS À - 300 ANS AVANT J.-C.
AAAAAH !!
TCHAAAC
JE NE SUPPORTE PAS QUAND C'EST PAS BIEN NET !

QUEL RÊVE ÉTRANGE !
C'ÉTAIT UN RÊVE...
Réflexe instinctif.
JE N'ARRIVE PLUS À DORMIR.
JE VAIS BOIRE DE L'EAU.
OUI... OUI...

JE T'AIME...
LU... LUMI ?
ELLE PARLE FRANÇAIS !
OUI...
JE SAIS...
...
C'EST LA PREMIÈRE FOIS...
Lumi en temps normal.
... QUE JE LA VOIS COMME ÇA.

C'EST À CAUSE DE L'AMOUR ?
MOI...
... C'EST PAS MON TRUC.
D'ABORD...
... ÇA VEUT DIRE QUOI, "AIMER" ?
C'EST PAREIL QUE D'AIMER DE LA VIANDE OU LES CHIENS ?
ET COMMENT ÇA SE PASSE POUR LES FRANÇAIS ?
EUX, ILS ONT DÉJÀ EMBRASSÉ QUELQU'UN SUR LA BOUCHE ?
À MOINS QUE...
... CE SOIT MOI QUI SOIS EN RETARD ?
IROYA...
ET, EN RETARD AUSSI PAR RAPPORT AUX JAPONAIS !

BONJOUR.
MAINTENANT, PARLE-MOI DE TOI.
...
BOBOM
BOBOM
?
QU'AS-TU ?
HEIN ?
JE... AH... EUH...
BOBOM
BOBOM
POURQUOI J'AI LE COEUR QUI PALPITE ?
WAAAAH !!!

DÉSOLÉ !!
JE SUIS PRESSÉ !
AH...
...
T'AS PAS BIEN DORMI, HIROYA ?

TU AS LES YEUX CERNÉS.
HEIN ?
AH...
OUI. VOUS AVEZ RAISON.
J'AI FROID.
IL FAIT TOUT NOIR.
AU FAIT !
FATIMA ! JE VEUX RENTRER !
...
EUH...
NON, C'EST RIEN.
???
TU LE VEUX ?
MON CACHE-NEZ

SALUT...
SALUT !
MAiS... ET TOi, HiROYA ?
C'EST PAS GRAVE. JE VAiS RENTRER EN COURANT.
HEiN ?
EUH...
MERCi !

...
IL EST GENTIL, IROYA.
OUI.
C'EST VRAI...
JE NE COMPRENDS PAS.
QUAND JE SUIS AVEC FATIMA, JE N'AI PAS DU TOUT LE COEUR QUI BAT...
SI TOUTES LES FILLES...
... ÉTAIENT COMME FATIMA, CE SERAIT PLUS SIMPLE.
TU SAIS...
... C'EST DU HARCÈLEMENT SEXUEL.

LUMi
C'EST LOURD ...

IL PARAIT QUE LA PREMIÈRE FOIS QUE NOËL A ÉTÉ FÊTÉ AU JAPON...
... C'ÉTAIT EN 1552.
HIROYA...
QUE VEUX-TU POUR NOËL, CETTE ANNÉE ?
ESTAURANT JAPONAIS
C'EST PLUS ANCIEN QU'ON L'AURAIT CRU, NON ?
JE LAISSE CARTE BLANCHE AU PÈRE NOËL.
C'EST...
... CARTE BLANCHE !?
C'EST LE GENRE DE CADEAU QUI REVIENT LE PLUS CHER.
HÉ !
TOUT LE MONDE !
REGARDEZ-MOI !
MANGA
CETTE ANNÉE, LE SOIR DE NOËL...
♡ ... JE NE RENTRE PAS À LA MAISON.
MFFF !

* RÉFÉRENCE À UNE CÉLÈBRE RÉPLIQUE DANS LE MANGA "LA ROSE DE VERSAILLES" DE RIYOKO IKEDA, TOME 1, P. 336. (ED. KANA)

* ÉTRENNES ISSUES DE LA COUTUME CONFUCIANISTE.

... CELA SIGNIFIE QU'ILS AIMENT JUSTE FAIRE LA FÊTE.
CE N'EST PAS FAUX.
REMARQUE... NOUS AUSSI, ON VA RAREMENT À L'ÉGLISE.
FAIS CHIER !
J'ARRIVE PAS À CONTRE-ARGUMENTER...
TAC
QUEL MAL Y A-T-IL ?
MOI AUSSI...
... J'AIME BIEN FAIRE LA FÊTE.

...
BAMBI...
ÇA VEUT DIRE QUOI ?
ELLE DIT ÇA ET ELLE PART ?
ELLE A PRIS MA DÉFENSE ?
À MOINS QUE ÇA NE VEUILLE...
IROYA...
... RIEN DIRE DE SPÉ...
トッ トッ トッ
TAPTAPTAP
WAAAAH !!!
BOBOM
ビクゥ
T'ES LIBRE...
... LE SOIR DE NOËL ?

* CHAMPAGNE SANS ALCOOL POUR LES ENFANTS.

C'EST VRAI.
TU CROIS ? MOI, JE PASSAIS DÉJÀ NOËL AVEC MON COPAIN EN PREMIÈRE.
LA COUTUME EST DIFFÉRENTE EN FRANCE.
BAMBI A TOUJOURS L'AIR UN PEU TRISTE.
ET À L'ÉCOLE, ELLE EST SEULE LA PLUPART DU TEMPS.
C'EST PEUT-ÊTRE POUR ÇA QU'ELLE M'INTRIGUE...
MAMAN EST UNE ADULTE. ELLE A L'OEIL.
... ROYA...
... HIROYA...
HIROYA !!
TU M'ECOUTES ?
EUH... OUI !
OUI !
JE...
JE SUIS DÉSOLÉ. JE PENSAIS À AUTRE CHOSE.
ELLE, C'EST VRAIMENT L'INVERSE DE BAMBI.
JE TE DEMANDE...
... SI TU VEUX CONTINUER NOS COURS PENDANT LES VACANCES !

D'ACCORD !
LA SEMAINE PROCHAINE, C'EST DÉJÀ LES VACANCES.
AH, C'EST VRAI !
VOUS PARTEZ POUR LES FÊTES, HIROYA ?
NON.
NOUS NON PLUS.
ALORS...
... ON N'A QU'À CONTINUER.
ON A DES DEVOIRS À FAIRE.
...
J'AI L'IMPRESSION QUE...
... FATIMA...
... A UN PEU CHANGÉ...
EN GÉNÉRAL...
... ON APPELLE ÇA...

* ROPPONGI SHINJÛ ("DOUBLE SUICIDE D'AMOUR À ROPPONGI").

... NOËL EST ARRIVÉ...
OOOOH !!
GALERIES LAFAYETTE
TOUT LE MONDE A VRAIMENT LES BRAS CHARGÉS DE CADEAUX.
ON SE CROIRAIT DANS UN FILM.
...
J'AI ACHETÉ UNE BÛCHE DANS LA PÂTISSERIE OÙ TOUT LE MONDE FAIT LA QUEUE.
TU VAS À TON RENDEZ-VOUS ?
C'EST À 16 HEURES À ABBESSES ?
...
PROPOSE-LUI DE VENIR À LA MAISON, SI ELLE VEUT.
MAMAN !!
TU CASSES L'AMBIANCE !!
IL Y A DE LA BÛCHE.
JE NE PENSE PAS...

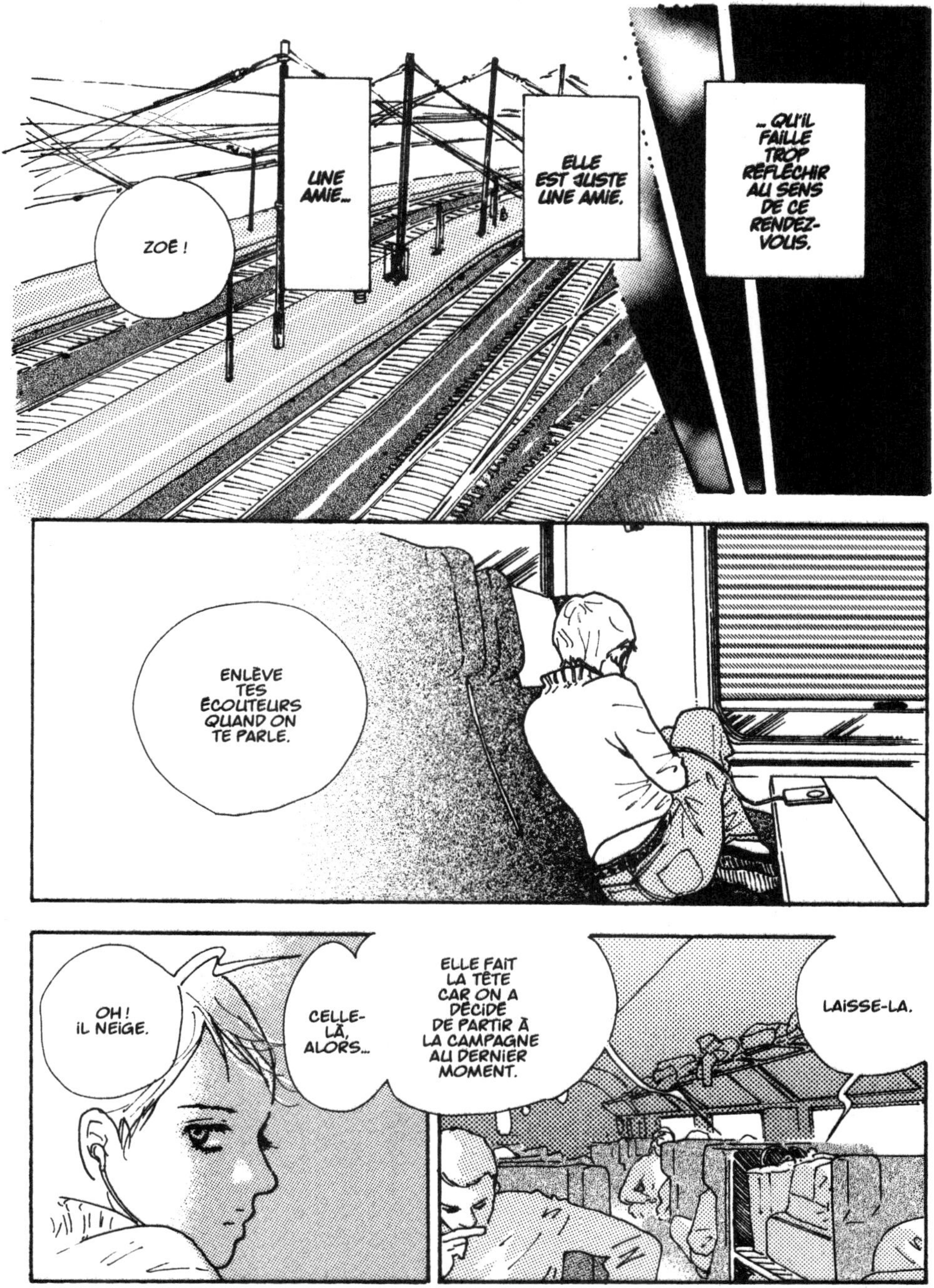
ZOÉ !
UNE AMIE...
ELLE EST JUSTE UNE AMIE.
... QU'IL FAILLE TROP RÉFLÉCHIR AU SENS DE CE RENDEZ-VOUS.
ENLÈVE TES ÉCOUTEURS QUAND ON TE PARLE.
OH ! IL NEIGE.
CELLE-LÀ, ALORS...
ELLE FAIT LA TÊTE CAR ON A DÉCIDÉ DE PARTIR À LA CAMPAGNE AU DERNIER MOMENT.
LAISSE-LA.

C'EST RARE.
C'EST UN NOËL SOUS LA NEIGE.
...
Abbesses
...
ELLE NE VIENT PAS.

JE ME SUIS TROMPÉ D'HEURE ?
PAS PRATIQUE DE NE PAS AVOIR DE PORTABLE.
JE VAIS ATTENDRE ENCORE UN PEU.
Tamagotchi en guise de montre.
POURQUOI...
... C'EST LE VISAGE DE FATIMA...
... QUI ME VIENT À L'ESPRIT EN CE MOMENT ?
JE SERAIS DONC VRAIMENT VOLAGE ?
WAAAH !
JE VAIS COURIR, IL FAIT TROP FROID !!
TIENS ?

TU FAIS QUOI, SOUS CETTE NEIGE ?
AH ! J'AI DEVINE !
LA FILLE DU RENCARD T'A FAIT FAUX BOND ?!
HAHAHA ! C'EST BIEN FAIT POUR TOI !!
C'EST LA LOI ANTITRUST DES FILLES !
NICO...
ET ZUT !
...
VOUS...
OH, MERDE !
ÇA L'A VRAIMENT DÉPRIMÉ !!
TU MANQUES DE MATURITE, NICO.

BAH... TANT PIS.
C'EST VRAI, ÇA.
OH!
VOUS TROUVEZ PAS QUE J'AI GRANDI ?
C'EST SOUDAIN.
ÇA N'A PAS D'IMPORTANCE.
ELLE EST PEUT-ÊTRE MALADE.
... ÇA ARRIVE SOUVENT DE SE FAIRE POSER UN LAPIN !!
TU SAIS...
... ET À MOI...
À BAMBI, À TOUS LES AUTRES...
MERCI !
ON T'INVITE.
ALLONS BOIRE UN VERRE.
FATIMAAAA !!!
EUH...
COMMENT ÇA SE DIT EN FRANÇAIS, DÉJÀ...?
EUH...
... JE SOUHAITE À TOUS UN MERRY CHRISTMAS !!

J'ARRIVE ! UN INSTANT !
QU'EST-CE QUE TU FABRIQUES ?
DIS ! POURQUOI LE PÈRE NOËL NE VIENT PAS CHEZ NOUS ?
Salle de Bain
LINGE
...
ALLEZ ! SÈCHE !
JE VEUX UN SAPIN !
MASQUE À L'ARGIL
VOUS AVEZ DES CADEAUX !
C'EST PAPA ET MAMAN QUI LES ONT ACHETÉS.
CE NE SONT PAS LES CADEAUX DU PÈRE NOËL.
ALLEZ ! C'EST PAS GRAVE !
ON VA MANGER LE GÂTEAU.
Reste de masque.
JE VEUX LA FIGURINE EN PÂTE D'AMANDES !!
QUOI ? C'EST PAS JUSTE !
'KTAILS
JOYEUX NOËL !
Chocolat chaud.

VOICI LA TOUR DE TOKYO.

* EXPRESSION JAPONAISE POUR COUPER TOUT LIEN AVEC UNE PERSONNE.

J'Y VAIS.
CE SERAIT PAS CLASSE...
... DE LUI POSER UN LAPIN.
HIROYA !!
ÇA VA ?
EUH...
ON DIRAIT QUE NON.
KEF!
ÇA VA.. ÇA VA..
DU MOINS, MON CERVEAU.
もっ…さり
BIEN COUVERT.
OOOH ! J'AI OUBLIÉ MON SAC !?
...
ÇA NE VA PAS DU TOUT !
TU...
... TU DEVRAIS RENTRER TE COUCHER, AUJOURD'HUI.
HMM...
À maman.
À Lumi.
À papa.

T'ES LIBRE LE MATIN DU 1ER JANVIER ?
AU FAIT...
FATIMA...
IL N'A RIEN REMARQUÉ.
J'ENLÈVE MA BARRETTE.
J'AI CHANGÉ DE COIFFURE.
T'AS RAISON.
D'ACCORD ?!
TU VEUX VOIR LE PREMIER LEVER DU SOLEIL DE L'ANNÉE AVEC TES AMIS ?
HEIN !?
LE MATIN ?!
ALORS, TANT QU'À FAIRE, VENEZ TOUS À LA MAISON APRÈS...
VRAI-MENT ?
C'EST VRAI QUE TU LE REGARDES CHAQUE ANNÉE.
OUI. JE SUIS SÛR QU'ON DOIT LE VOIR EN HAUT DE LA BUTTE DU SACRÉ-CŒUR.
HAAH... HAAH...
Eau chaude.

TU VEUX ALLER VOIR LE PREMIER LEVER DU SOLEIL DE L'ANNÉE ?!
HEIN ?!
MAIS…
JE TE JURE QUE ÇA VA !
SURTOUT, NE LE DIS À PERSONNE !
NON !! CE N'EST PAS LA PEINE !
TON NEZ…
IL COULE.
ガバッ
TAC
POURQUOI VEUX-TU VOIR UNE CHOSE PAREILLE ?
IL PARAIT QUE C'EST UNE COUTUME JAPONAISE.
JE T'INTERDIS FORMELLEMENT DE SORTIR PENDANT QU'IL FAIT ENCORE NUIT !
MAIS…
… JE…
SI TU INSISTES, TU SERAS PRIVÉE DE SORTIE PENDANT TOUTES LES VACANCES.
…

JE TE DÉTESTE, PAPA !!
TÊTE DE PIOCHE !!
J'AVAIS PROMIS À HIROYA...
...
GRAND FRÈRE.
TU NE PEUX PAS ?!
MES PARENTS ONT DÉCIDÉ DE FAIRE UN TRUC... DÉSOLÉ.
AH...
D'ACCORD...
T'ARRIVES PAS À RÉUNIR TES POTES.
QUE DES ANNULATIONS DE DERNIÈRE MINUTE.
ET TORAO ?
JE LUI AI TÉLÉPHONÉ TOUT À L'HEURE...
T'ES STUPIDE ?
AU NOM DE QUOI JE DEVRAIS ME LEVER SI TÔT PENDANT LES VACANCES ?
MÊME LE FUNICULAIRE DORT À UNE HEURE PAREILLE !!

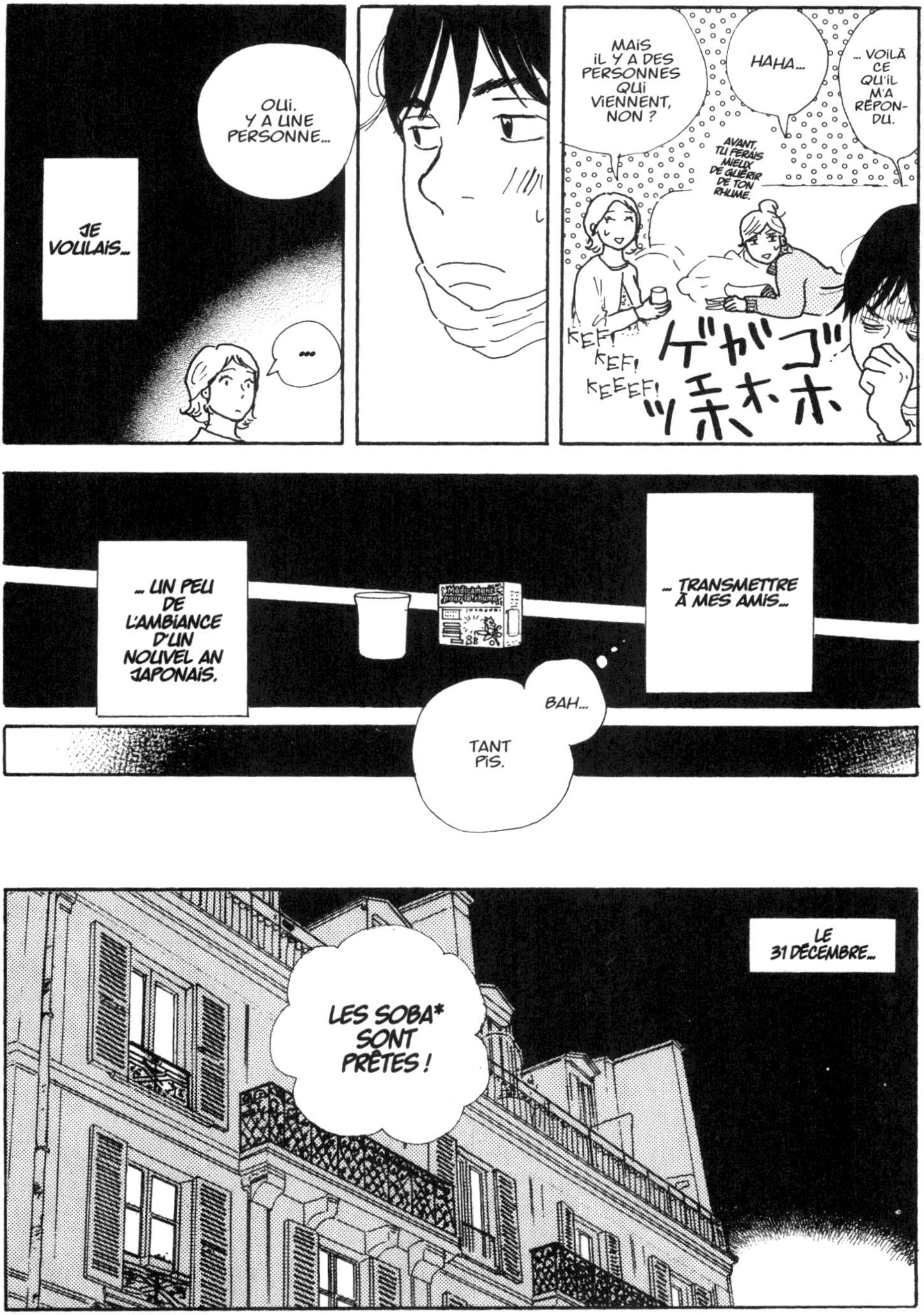

* NOUILLES JAPONAISES DE SARRASIN.

* Boisson sucrée chaude à base de saké.

Désespérée, elle a étudié toute la nuit.
FATIMA... ... TIMA...
VIUM
GRAND FRÈRE...?
C'EST QUOI, CETTE PERRUQUE ?
CHUT !
VAS-Y...
... À TON LEVER DU SOLEIL.
POF
HEIN ?
JE VAIS DORMIR DANS TON LIT ET JE ME FERAI PASSER POUR TOI.
OH...
MERCI, GRAND FRÈRE !
C'EST RIEN.
DE TOUTE FAÇON, JE SUIS CREVÉ D'AVOIR ASSISTÉ AU CONCERT DE LA SAINT-SYLVESTRE.

SALUT...
SALUT.

C'EST LA PREMIÈRE FOIS QU'ON EST SEULS, TOUS LES DEUX.
...
OUI.
IL... IL FAIT FROID, HEIN ?
AH !
AVANT D'OUBLIER, LE RITUEL...
AKEMASHITE OMEDETÔ GOZAIMASU. (MES MEILLEURS VOEUX POUR LA NOUVELLE ANNÉE.)
HIIII !!!
QU'EST-CE QUE TU FABRIQUES ?!
EN FAIT...
... CHEZ MOI, CE N'EST PAS AUJOURD'HUI LE JOUR DE L'AN.
QUOI !?

...
C'EST... PARCE QUE...
DANS CE CAS...
... POURQUOI ES-TU VENUE ?
AH...
ON N'A PAS LE MÊME CALENDRIER.
AH BON ?
IL Y EN A DES CALENDRIERS.
PAS TOUT À FAIT.
POUR... POUR MA CULTURE, BIEN SÛR !
...
JE VIENS DE M'APERCEVOIR D'UNE CHOSE.
FATIMA EST LA SEULE...
... QUI, DÈS LE DÉBUT...
... COMMENT SE PASSAIT UN NOUVEL AN DANS TON PAYS, HIROYA...
... JE VOULAIS VOIR...
ENFIN, JE CROIS.

... A CORRECTEMENT PRONONCÉ "HIROYA".
?
...
FATIMA...
HMM
QUOI ? QU'EST-CE QU'IL Y A ?
TU VAS ENCORE ME DIRE QUE J'AI DU DUVET ?!
TIENS ?
IL Y A DES GENS QUI ARRIVENT.
HEIN ?
À UNE HEURE PAREILLE ?
Vendeurs de bracelets brésiliens ?
AH !
Tourne Tourne

... LES POTES !!!
C'EST...
QUOIIIII !?
IROYAAAAA !!
POURQUOI SONT-ILS...
JOYEUX ANNIVERSAIRE !!!

ET ALORS ? CE SOLEIL ?
IL EST OÙ ?
WAAAAOUH...
EN FAIT...
IL EST DÉJÀ 8 HEURES ET DEMIE.
WAAH...
C'EST VRAI ?
TA MÈRE M'A TÉLÉPHONÉ ET J'AI PRÉVENU TOUT LE MONDE.
J'AI ANNULÉ LE TRUC AVEC MES PARENTS.
BAH... C'EST UN PEU GÊNANT.
C'EST VRAI, ÇA ?
T'AURAIS PU LE DIRE !!
VOUS AURIEZ CRU QUE JE VOUS AVAIS FAIT VENIR EXPRÈS.
C'EST NUL DE NE PAS LE DIRE.
T'ARRÊTES DE FAIRE DES MANIÈRES !
... JE...
... JE CROIS QU'IL SE LÈVE DERRIÈRE NOUS !!
ÇA CRAINT !
Choc !
VENEZ, ON BOUGE.
PARIS...

OOOH !
C'EST PLUS GROS QUE JE L'IMAGINAIS.
LE PREMIER LEVER DU SOLEIL DE L'ANNÉE QUE JE VOIS À PARIS...
... AVEC MES AMIS.
ALORS, LÀ-BAS, C'EST LE SUD ?
NON, LE NORD.
À PARTIR D'AUJOURD'HUI...
MERCI...
... LES COPAINS.
JE SUIS AVEUGLE.
... QUELQUE CHOSE DE NOUVEAU VA COMMENCER.
DU MOINS, C'EST L'IMPRESSION...
QUOI ? SI TU VIENS D'AVOIR 14 ANS AUJOURD'HUI...
... T'AS UN AN DE MOINS QUE NOUS !
QUOI ?!
... QUE J'AI...

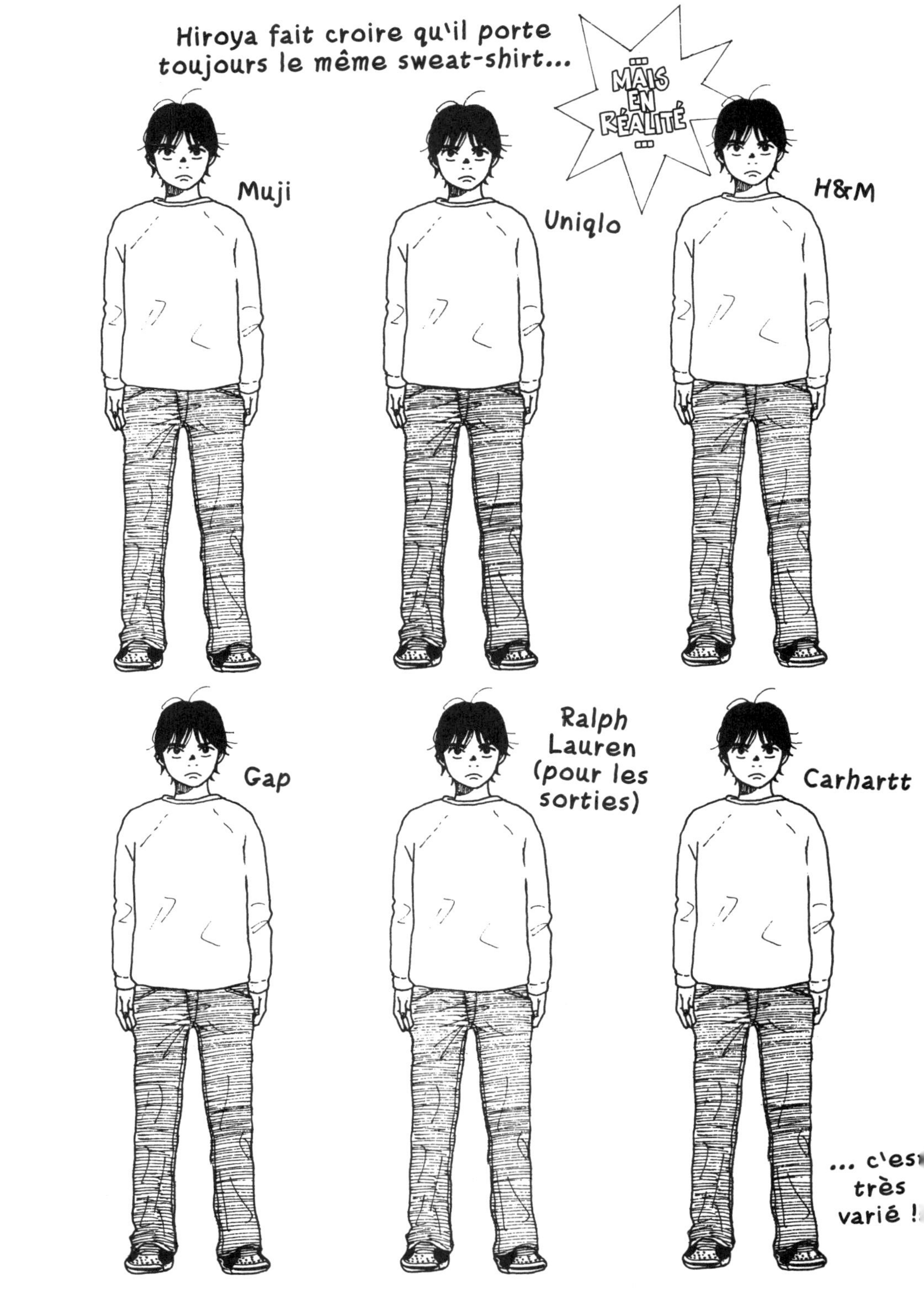
Hiroya fait croire qu'il porte toujours le même sweat-shirt...
... MAIS EN RÉALITÉ ...
Muji
Uniqlo
H&M
Gap
Ralph Lauren (pour les sorties)
Carhartt
... c'est très varié !

La naissance de Hiroya et sa transformation...
Cheveux raides.
13 ans.
Personnage principal : Hiroki.
Il est...
... devenu comme ça...
... puis comme ça...
HIROYA
... pour finir comme ceci !
Il ne change pas beaucoup, au fond...

Voici les personnages que j'ai imaginés au départ. J'ai retenu les personnages signalés par un *. Je ne sais pas encore si les autres, signalés par un (?), vont apparaître dans le manga.
?
J'ai chaud.
Une employée de la société du papa, Yoshiyuki, qui le drague.
Ciao, Bella !
*
Un marchand de légumes italien qui fait des cadeaux à la maman, Kyoko.
Il n'a pas d'arrière-pensée. Avec les femmes, il tchatche par habitude.
Y a des gays au Japon ?
?
Un garçon gay de la classe de Hiroya.
Ça me fait plaisir.
Mais c'est gênant.
*
Une jeune fille arabe de la classe de Hiroya. Elle a l'air sérieuse, un peu rigide et elle est un peu ronde. Elle ne peut pas sortir après les cours car elle doit s'occuper de ses 11 frères et sœurs.
Prends-toi en main !
*
Les Japonais sont spéciaux.
Il se fait inviter à dîner chez les Suzuki.
Canon !
Waouh !
Le voisin qui est dans un groupe de musique.
Tu as dit combien ?
Hein ?
Onze.
Ça pose un problème ?
Petite sœur de 7 ans.
T'es nulle, Fatima ! Avec les garçons...
... C'est facile...
... il faut la carotte et le bâton.

Ce manga est publié dans son sens
de lecture originale, de droite à gauche.

Ici, vous êtes donc à la fin.

IT'S YOUR WORLD

7, avenue P-H Spaak - 1060 Bruxelles

Dépôt légal d/2008/0086/221
ISBN 978-2-5050-0381-6

Conception Graphique : Cynthia Lacroix
Traduit et adapté en français par Misato Raillard
Adaptation Graphique : Eric Montésinos

Imprimé en Italie par G. Canale & C. S.p.A. - Borgaro T.se (Torino)